Georg Gumpp

Unterwegs im Leben

(Heimat und Heimkehr)

mit Bildern von Rebecca Gumpp

Bibliographische Informationen der Deutschen
Nationalbibliothek:
Die Deutsche Nationalbibliothek verzeichnet diese
Publikation in der Deutschen Nationalbibliographie;
detaillierte bibliographische Daten sind im Internet
unter http://dnb.dnb.de abrufbar.

© 2019 Georg Gumpp
Verlag:
BoD · Books on Demand GmbH, In de Tarpen 42,
22848 Norderstedt, bod@bod.de
Druck:
Libri Plureos GmbH, Friedensallee 273,
22763 Hamburg

ISBN: 978-3-7494-8229-0

Unterwegs im Leben
(Heimat und Heimkehr)

Von Bergen und Tälern des Lebens

In der Heimat unterwegs

Auf dem Weg   **Rebecca Gumpp**

Von Bergen und Tälern des Lebens

Auf dem Weg

Lang schon geh ich meinen Weg
Über Berg und Tal und manchen Steg.
Hab manches Flussbett schon durchquert,
Mir keinen Anstieg je verwehrt.

Nur hin und wieder steh' ich stumm,
Seh' vor, zurück und frag warum.
Dann geh ich weiter ohne Ziel,
Mal ist's zu wenig, mal zu viel.

Nun stehe ich am Wegesrand,
Ein schöner Anblick, der mich band.
Ein Apfelbaum, so ganz allein,
Lud mich zum Innehalten ein.

Die eine Frucht an einem Ast
Ließ mich verlängern meine Rast.
Wie konnte sie nur so schön reifen,
Wollte gar schon nach ihr greifen.

Doch hielt ich an, konnt' sie nicht pflücken.
Hab es versucht, es wollt' nicht glücken.
So ließ ergeben ich das Schicksal walten,
Sie war jemand anderem vorbehalten.

Ich muss nun weiter, fort von ihr.
Doch den Blick zurück, den gönn' ich mir.
Leib sie in meinem Herzen ein,
Und in Gedanken ist sie mein.

Der Berg   **Rebecca Gumpp**

Der Berg

Am Horizont er mächtig thront,
Ein Berg in seiner Pracht.
So manche Gämse bei ihm wohnt,
Über ihm die Sonne lacht.

In einer Kette eingebettet
Ragt er steil aus ihr heraus.
Manch Bergsteiger wurde errettet,
Wollte er zu hoch hinaus.

Von Nebelbänken oft umzogen,
Verhüllt ist dann sein helles Grau.
Greifvögel haben ihn umflogen,
Die Luft um ihn so kalt und rau.

Doch besteigt man ihn bis auf den Gipfel,
Um sich herum ist alles kahl.
Blickt über all der Bäume Wipfel,
Sieht man beglückt hinab ins Tal.

Die Ringparabel   **Rebecca Gumpp**

Die Ringparabel (In Memoriam Gotthold Ephraim Lessing)

Es sah der Vater seine Söhne,
Vergoss für jeden eine Träne,
Als es nun hieß Abschied nehmen,
Und wem den Ring zu übergeben.

Der immer schon an seiner Hand,
Seit Ewigkeiten die Familie band.
Dann ließ er schmieden zwei
Hatte am Ende derer drei.

Kein Unterschied war zu erkennen,
Niemand konnte das Original benennen.
So wollte es der kluge Greis,
Es am Ende keiner weiß.

Er liebte seine Söhne gleich,
Nun wurde es ums Herz ihm weich.
Ein jeder führe seinen Ring,
In dem die Seele sich verfing.

Um dereinst wieder heimzukehren,
Ein jeder Weg gebührt zu Ehren.
Bedarf es auch sehr langen Reisen,
Was richtig ist, es wird sich weisen.

Auch im Glauben es so ist,
Ob Jude, Moslem oder Christ.
Mögen Allah, Jahwe oder Gott sie heißen,
Gilt es doch, unser aller Herrn zu preisen.

Der Wanderer

In steter Hast seit er geboren
Ist er nun seines Weges müde.
Was blieb bei ihm, was ging verloren?
Wieviel war wertvoll, wieviel nur Plattitüde?

In stummer Rast, den Hügel erst erklommen
Sieht er gedankenvoll hinab ins Tal.
Hat manche Vogelstimme gern vernommen,
Doch etwas wird in ihm zur Qual.

Dem Zug der Vögel gleich verlief sein Leben,
An jedem Ort hat er 's versucht.
Hätt' der einen gern sein Herz gegeben,
Hat sie so sehr ein Leben lang gesucht.

Ammersee   **Georg Gumpp**

Am See

Bedächtig erwacht der Morgen,
Der See verhüllt wie in Seide
In seinem blassblauen Kleide,
Der Moment ist in Stille geborgen.

Schon zwitschern erste Vögel ihre Lieder,
Erwecken Flur und Felder zum Leben.

Mag sich ein heller Tag aus dem Dunkel erheben,
Und die Wärme ums Herz kehre wieder.

Trauer   **Georg Gumpp**

Bilder der Vergangenheit (Mein Vater)

Vergangen die Zeit, als wir zusammen waren,
Die schönen Tage im kleinen verbracht.
Es musste nichts Großes geschehen,
Wir wählten Momente mit Bedacht.

Durch den Tod wurdest Du mir entrissen.
Bist in meinem Herzen ewiglich einverleibt.
Zu gehen heißt irgendwann zu verlassen
Für immer die schöne gemeinsame Zeit.

Doch meine Gedanken, sie werden nicht müde,
Unser beider Weg in meine Seele zu weben.
Schmerzte der Abschied auch rüde
Wird ein Stück von Dir in mir weiterleben.

Paisley   **Georg Gumpp**

Glück

Gedanken

Voller Leichtigkeit

Von Wellen getragen

Am Ufer des Sees

Glück

Wiesenbild   **Rebecca Gumpp**

Wiesengrund

Flach liegt vor mir in weiter Flur
Auf meiner Reise eine Wiese.
Ich halte ein und denk mir nur,
Es ist so kurz zum Paradiese.

Es blühen Blumen neben Sträuchern
Im Lauf der Jahreszeiten.
Im Herbst kommt manches Kraut zum Räuchern,
Zum Genuss und Heil in unsren Breiten.

Mücken schwirren, Bienen summen
Arbeitsam um alle Blüten.
Von weitem hört man fremdes Brummen,
Sieht Vögel in den Nestern brüten.

Für kurze Zeit hört auf das Treiben,
Man besinnt sich auf das hier und jetzt.
Fast mag man die Natur beneiden,
Das Leben erscheint als friedlich' Fest.

Mohnblume   **Rebecca Gumpp**

Die Blüte

Auf einer Wiese sah ich sie, den Kopf schon zart erhoben.
Und aus dem Schutz des Mutterblattes ihre Blüte angehoben.

Doch bleibt sie einem Schutzraum gleich in ihrer Hülle stecken.
Und wagt es allem Anschein nicht, sich zur Sonne hin zu recken.

Sie traut sich nicht, sie bleibt bei sich, sie ist zutiefst bescheiden.
Ich wünschte mir, sie zeige sich, viele würden sie beneiden.

Im Zauberwald   **Georg Gumpp**

Wo ich wohne

Kleines Dorf -
Liegst verträumt an meiner Strecke,
Deine Mauern begrenzen Deine Flur.
Menschen treffen sich an jeder Ecke,
Stehengeblieben scheint die Uhr.

Kleines Dorf -
Man hört manche Hunde bellen,
Und die Gemeinschaft sie flaniert
Am Flussufer bei den Wellen
Und trifft Freunde garantiert.

Kleine Stadt -
Es wächst in dir das Treiben,
Menschen strömen in den Ort.
Das Fest lässt sich kaum beschreiben,
Keiner will jetzt von hier fort.

Kleine Stadt -
Du hast so viel zu bieten,
Im kleinen zeigst du deine Zier.
Wer hier lebt zieht keine Nieten,
Geschäfte öffnen ihr Visier.

Große Stadt -
Du bist für mich die Metropole,
Was ich mir wünsche, legst Du dar.
Doch find' ich in Dir keine Ruhe,
Träume zahle ich in bar.

Große Stadt -
Es trennen sich nun uns're Wege
Und gerne gehe ich zurück
Über Schluchten, Haine, schmale Stege
In dir würde ich verrückt.

Im Urwald   **Georg Gumpp**

Der Moment (mit seinen Tieren)

Die einen sind schon aus dem Haus,
Von anderen verlassen.
So ging er lange Zeit hinaus,
Einsam durch die Gassen.

Nun sitzt er stumm an seinem runden Tische,
Betrachtet ganz in sich gekehrt im Glase seine Fische.
Und auch sein Hund schlägt an, als scheint er zu begreifen,
Etwas ist anders, will an seinem Herrchen reifen.

Die Katze streckt sich kurz und springt auf seinen Schoß.
Sie räkelt sich und schnurrt und kratzt und macht sich gerne groß.
Der Hamster rennt in seinem Rad, durchbricht dadurch die Stille,
Erweckt ihn kurz aus seiner Trance, doch um sich zu verändern, dazu fehlt sein Wille.

Im Garten

Gezählt sind nun des Winters Tage,
Der Frühling kommt, 's ist keine Frage.
Das Schneeglöckchen dies nun bezeugt,
Mit seinem Köpfchen tief gebeugt.

Und auch der Krokus nicht allein
Gibt sich jetzt sein Stelldichein.
Bald schon erblühen Osterglocken,
Die die Menschen aus den Häusern locken.

Gänseblümchen allenthalben und überall der Löwenzahn
Treiben manche Gärtner wiederkehrend in den Wahn.
Aber wie schön ist doch das Frühlingslicht,
Gespiegelt im Vergissmeinnicht.

Nach den Tulpen dann die Rose,
Unterm Baum die Farne und die Moose.
Der Sommer steht in seiner Pracht,
Und überall die Sonne lacht.

Der Herbst erscheint nach einem Weilchen,
Es blühen nun die Alpenveilchen.
Anemonen, Astern, Chrysanthemen,
Man erntet Pilze zum Nachhause nehmen.

Der Winter ist nun nicht mehr weit,
Das Reh hungrig zur Krippe eilt.
Der Igel findet seine Ruh,
Deckt sich mit Laub und Blättern zu.

Hell und Dunkel   **Georg Gumpp**

Das Spiel

Der Mensch vertreibt sich seine Zeit
Gerne mal mit einem Spiel.
Und ist ein Gegner dann bereit,
Ist der Sieg dabei das Ziel.

Gewinnt man, ist die Freude groß,
Die Niederlage hüllt in Trauer.
Sind die Gefühle auch famos,
Sie sind nicht von langer Dauer.

Drum bedenke Mensch und bleib' bescheiden,
Triumphierst Du auch bei Brett und Karten.
Auch du wirst hin und wieder leiden,
Das Scheitern lässt nie lange auf sich warten.

Golgatha   **Georg Gumpp**

Zum Sterben schön

Kommt der Tag, an dem er nicht mehr gewinnt,
Seine letzte Träne an der Wange gerinnt,
So bleibt ihm die Liebe als letzter Trost.

Ist er der Welt auch abhandengekommen,
Wird, was er geben will, nicht mehr angenommen,
Scheint seine Seele gefangen in ewigem Frost.

So bleibt ihm doch die Liebe, die er hat zu verschenken.
Niemand kann's ihm verbieten, keiner kann's ihm
verdenken,
Jemand zu lieben, selbst wenn dieser ihn hasst.

Und wenn sein Herz auch in Flammen steht,
Und keiner es sieht und keiner es findet,
Zum Sterben schön hat es für ihn gepasst.

Der Schmerz

Sie stand im Raum, ein Augenblick,
Sein Herz, es blieb kurz stehen.
Da war's geschehen, Sekundenglück.
Er konnt' nicht mehr von ihr gehen.

Er mag sie sehr, er hat sie gern,
Würde gerne nach ihr tasten.
Ihn zieht's zu ihr, doch bleibt er fern,
Er will sie nicht belasten.

Doch bleibt der Schmerz, wenn er sie sieht
In den Armen eines andern.
Geschlagen er am Boden liegt,
Warum musste sein Herz wandern.

Im Café

Wie verschieden die Menschen doch sind,
Die einen achtsam, and're eilen geschwind.
Zwei Damen zeigen stolz ihre Kleider
Und erfreuen sich der Blicke der Neider.

Junge Leute sprechen mit dem Handy am Ohr,
Fußballfans singen freudetrunken im Chor.
Rauchende Männer diskutieren laut und aktiv,
Teils sehr intelligent teils beinahe naiv.

So seh' ich dem Treiben entspannt ich gern zu,
Im Café an der Straße find' ich meine Ruh'.
Trink meinen Espresso und lehn' mich zurück,
Wie sehr wirkt die Welt auf mich heut' verrückt.

Unruhe   **Georg Gumpp**

Bei den Schafen

Es stellt sich schon im Vorfeld ein,
Geht man bedächtig in das Gatter rein.
Man will die Schafe nicht erschrecken,
Weder stressen noch sie necken.

Will man ihr Beisein nicht vernichten,
Soll man den Blick nicht auf sie richten.
Besser spricht man dann mit ihnen,
Was zur Beruhigung könnte dienen.

Und lädt sie ein zum Bergeshang,
Dezent entfernt in seinem Gang.
Manch ein Schaf den Ausbruch wagt,
Mit List wird es ihm doch versagt.

Am Ende ist ein jeder froh,
Der Mensch war da und jetzt gibt's Stroh.
Und reichlich Wasser und auch Brot,
So helfen wir uns beiden in der Not.

Förg Stoffe mit Ventilatoren

Rebecca Gumpp

Kindheit

Es wurde Licht, wurd' mit Lächeln empfangen,
Bin alsbald an der Mutter gehangen.
Hab' mit großen Augen die Welt bestaunt,
Die ersten Töne unsicher geraunt.

Bald konnte ich krabbeln, hab' die Umgebung erkundet,
Mich über all das Neue gewundert.
Kam Papa und Mama hab' ich mich gefreut,
Mein Dasein auf Erden keine Sekunde bereut.

Die ersten Worte, unsichere Schritte,
Wurde zum Schatz in geborgener Mitte.
Man nahm mich zärtlich an meiner Hand,
Führte mich vom Zimmer hinaus in das Land.

Was die Erwachsenen zuhauf übersehen,
Ist es im kleinen um einen geschehen.
Mich zu beglücken, da braucht' es nicht viel,
Ein Schaufenster im Laden, das war mein Ziel.

Die Ventilatoren in pastellfarbener Pracht,
Wer hätte das von mir gedacht,
Zogen mich an kam man daran vorbei,
Wie bei anderen Kindern die Blumen im Mai.

So blieben unscheinbare Dinge, die es schafften,
Als schöne Erinnerung an mir zu haften.
Ich vergaß es mein Leben lang nicht,
Was kurz danach geschah, als ich erblickte das Licht.

Im Lebensmittelladen

Ein Zauber längst vergangener Tage,
Bist Du für mich, ganz ohne Frage.
Du hast mir gar so viel gegeben,
In meinem damals noch jungen Leben.

Ob Osterhasen, Nikoläuse,
Oder Schaumkrönchen und Zuckermäuse.
Zur rechten Zeit war es vorhanden,
Und kostenfrei von mir erstanden.

Meine Eltern haben sich oft überwunden,
Gaben mir das Erwünschte schon vor dem ersten Kunden.
Und mit all den schönen Sachen
Konnte man mir eine Freude machen.

So bleibst Du mir in meinem Sinn,
Für Leib und Seele ein Gewinn.
Egal in welchen Lebenslagen -
Mein kleiner Lebensmittelladen.

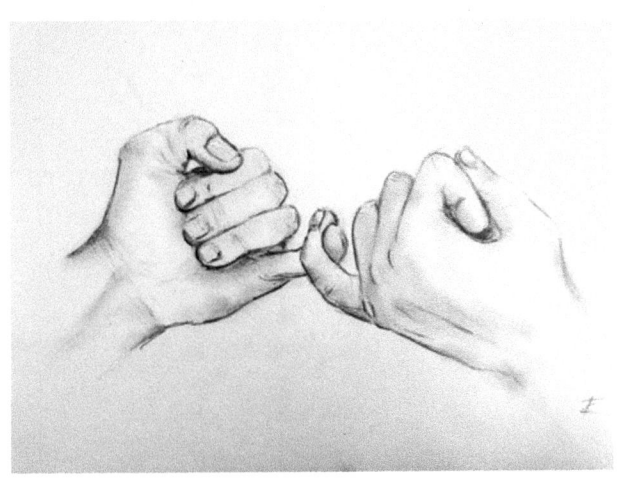

Handzeichen Versprechen   Rebecca Gumpp

Geschwister

Geschwister

Immer verbunden

Brüder und Schwestern

In Liebe trotz Streit

Ewigkeit

Die Wallfahrt

Früh begann die schöne Reise,
Besonnen und gedankenvoll.
Von Riedlingen in sanfter Weise
In mich gekehrt und hoffnungsvoll.

Über Berg und Tal dann in die Wiesen,
Am Silbersee ging ich vorbei.
Auch Wanderer konnt' ich dort grüßen,
Die Welt war mir so einerlei.

Am Ende stand ich vor Wemdings Toren,
Maria Brünnlein nicht mehr weit,
Was ich als mein Ziel mir auserkoren,
Es zu erreichen noch zur Lebenszeit.

Die Wand (nach Marlene Haushofer)

Georg Gumpp

Ungewissheit

Auge in Auge, nur ich und Du,
Die Welt ist verstummt, sie sieht lautlos uns zu.
Kein Wort bricht das Schweigen,
Es verhallt in Stille das Treiben,
Und in den Gängen herrscht Ruh'.

Phantasie   **Georg Gumpp**

Träume

Als du jung warst nahmst Du Dir deine Räume,
Jagtest unerschrocken Deine wilden Träume.
Kein Weg war zu weit, kein Aufwand zu viel,
Um Zu erreichen Dein großes Ziel.

Mit den Jahren sich die Träume verfingen,
Freunde kamen, Freunde gingen.
Manches gelang, viel ging verloren,
Blieb in Deinem Leben vor Deinen Toren.

Und spürst Du nun so manche Wunde,
Jagen Deine Gedanken noch immer wie wilde Hunde.
Nach den verpassten Chancen, den geglückten Momenten,
Die Dich am Ende doch von Deinem Ziel trennten.

So hadere nicht mit deinem Schicksal, träume weiter.
Eine geplatzte Hoffnung ist noch kein apokalyptischer Reiter.
Plane, glaube, hoffe und überlege.
Es ist nie zu spät für neue Wege.

Niedertracht

Alles versucht, alles gegeben,
Nichts bekommen, nichts vergeben.
Was dem einen geschenkt, wird dem ander'n verweht.
Wer nimmt ihm übel, ist er in sich gekehrt.

Baut eine Mauer rund um sein Leben,
Nicht aus Härte, will nur keinen Schmerz mehr erleben.
Wie er ihn erfuhr in vergangenen Jahren.
All dies soll ihm nun nicht mehr widerfahren.

Kind mit Trümmerstein Turm

Rebecca Gumpp

Vertreibung

Die einen verloren ihre Jugend im Krieg,
Die anderen ihr Leben oder ihr Hab und Gut.
Die Führer träumten vom großen Sieg,
Das Volk verlor seinen letzten Mut.

Aus der Heimat vertrieben,
Kein Andenken blieb.
Zwischen den Fronten zerrieben,
Getroffen von einem schmerzhaften Hieb.

Bald ist es so weit
Und es wird vergessen,
Was vor langer Zeit
Die Vorfahren hatten besessen.

Doch noch immer in stillen Momenten
Werden Gedanken hellwach.
Gefühlt, gelitten in diversen Akzenten,
Verklärt oder nicht die ehemalige Pracht.

In der Heimat unterwegs

Asbach-Bäumenheim

Bin ich in Augsburg auch geboren,
Warst du stets mein Heimatdorf.
Hab in Gedanken dich auch nie verloren,
Wo schon mein Opa stach den Torf.

Wo ich zur Schule ging und Freunde traf
Bis mein Weg mich weiter führt',
Treff Ich dich manchmal im Schlaf,
Was mich auch immer noch berührt.

Das Wäldchen war das Fußballfeld,
Wir trafen uns zu jeder Zeit.
Es war für uns die heile Welt,
Wie lang ist' s her, so weit, so weit.

Kirchensilhouette bei Nacht (Daniel)
Rebecca Gumpp

Nördlingen

„So Gsell so" ruft es vom Turme,
Relikte aus vergangener Zeit.
Getrotzt hat es so manche Stürme
Und hallt so klar ins Land so weit.

Dein Hauch der Geschichte ist von Dauer,
Der Mantel, er umgibt dich noch.
Unversehrt ist deine Mauer,
Gespickt mit manchem Späherloch.

Wo der Meteorit einst eingeschlagen,
Der Geopark daraus entstand.
Apollo-Astronauten in jenen Tagen
Erforschten wie wohl der Mond bestand.

Antoniuskapelle   **Rebecca Gumpp**

Klöster, Burgen und Ruinen

Klöster, Burgen und Ruinen
Erstanden lange schon vor uns'rer Zeit.
Unsere Ehrfurcht sie verdienen,
Sie trotzen standhaft der Vergänglichkeit.

Aus Konstantinopel kam des Mangolds Gabe
Nach Heilig Kreuz in Donauwörth.
Partikel vom Kreuze Jesu meint die Sage,
Die schon von manchem sehr begehrt.

Ein Kleinod ist sie die Kapelle,
Dem heiligen Antonius geweiht.
Sie schwimmt auf keiner Besucherwelle,
Im Weiler Bäumenheims steht sie bereit.

Über die Harburg geht es weiter,
Die ganze Festung noch erhalten.
Manchmal erklimmen sie die Reiter,
Mag die Tradition hier nicht erkalten.

Von weiten sieht man Niederhaus,
Einst Trutzburg aus der Stauferzeit.
Besucht wird sie jahrein jahraus,
Auch zur Ruine Hochhaus ist's nicht weit.

Besucht man dann noch Maihingen,
Die Klosterkirche ist enorm.
Den Eingang ziert ein Tempelchen
In klassizistischer Form.

Augsburg

2000 Jahre besteht du schon,
Mozarts Vater dein berühmter Sohn
Erblickte in dir das Licht der Welt,
Wie auch Fugger, mit seinem Geld.

Er finanzierte Kaiser und das Land
Wie auch die Armen mit dem Rücken an der Wand.
Die Fuggerei wurde nach ihm benannt,
Über die Region hinaus bekannt.

Auch Berthold Brecht entstammt aus Dir,
Ganz Deutschland fühlte da ein "Wir".
Er traf den Nerv der ganzen Zeit,
Seine Werke für die Ewigkeit.

In dir leben Wagemutige und Zauderer,
Kaufleute, Gaukler, Zauberer.
Von Augustus einst gegründet,
Hast im Mittelalter Weltruhm begründet.

Auch heute noch kehr ich gern ein
In dieses schmucke Städtelein.
Bist nicht München, nicht Berlin,
Doch bin ich gerne in dir drin.

Donauwörth

Mein Donauwörth, ich war dein Schüler
In längst vergangener Zeit.
Manch Tage kalt und manche schwüler,
Alles ist so fern, so weit.

Doch wurd' ich gern ein Teil von dir,
Meine Liebe ich hier fand.
Kultur und Freundschaft gabst du mir,
Zwischen uns sei ein ewig' Band.

Um dich herum die trauten Wälder
Laden zum Flanieren ein.
Radwege säumen deine Felder,
Biergärten bitten dich herein.

Ja meine Freunde treff' ich hier,
Wir tauschen die Gedanken aus.
Dann zählt kein Ich, denn nur das wir,
Das einem hilfst, weiß er nicht mehr ein noch aus.

Mein Donau-Ries

Oh Rätien, wie Römer dich schrieben,
Vor langer Zeit warst Du geteilt.
Rechts des Lechs die Bajuwaren,
Der Alemanne links zur Merowinger Zeit.

Und im Ries da waren
Das Volk der Rätovaren.
Und sucht man davon noch die Spuren,
Man findet sie auf allen Fluren.

Heute findest Du auf allen Wegen
Bedeutsames aus jener Zeit.
Kultur, Geschichte kommen Dir entgegen,
Von hier nach da ist's nicht zu weit.

Im Osten Rain, dem Grafen Tilly gern geweiht,
Der einst den Schweden die Stirn geboten.
Steht unweit schon Schloss Leitheim bereit,
Klassische Musik wird hier geboten.

In Wemding dann ein kluger Geist
Ward über alle Grenzen gut bekannt.
Als Botaniker man ihn ausweist,
Fuchsien wurden nach ihm benannt.

So geht es dann nach Westen,
Wo Geschichte sehr lebendig ist.
Die Stadtmauer Nördlingens zeugt hier vom Besten,
Einzig in Deutschland sie vollständig ist.

Auf kleinstem Raum ist viel gegeben,
Ob Schlösser, Hügel oder Seen.
Radfahrer lieben unsere Ebenen
Und sind als Gäste gern gesehen.

So sei geliebt mein kleiner Kreis,
Ist auch nicht vieles weit bekannt.
Doch wer ein Kleinod zu schätzen weiß,
Dem sei das Donau Ries benannt.

Riedlingen

Der Stadtteil Donauwörths im Westen
Schrieb Geschichte gar vom Besten.
Ward schon besiedelt von den Kelten,
In grauer Vorzeit ferner Welten.

Den Hohenstaufern, dann der Reichspflege Werd
Wurde die Grundherrschaft nicht verwehrt.
Im Schmalkaldischen Krieg hat eine Nacht
Kaiser Karl V. in einem Bauernhaus verbracht.

In dem kleinen Ort man sich auch beriet,
Was wohl des Weiteren geschieht.
Bedeutsam war dann das Geschehnis,
Die Uni Jena war's Ergebnis.